ERNEST CHABRAND

Ingénieur des Arts et Manufactures

Bibliothèque Historique du Dauphiné

LE PERTUIS DU VISO

(La plus ancienne trouée souterraine des Alpes)

La Légende et l'Histoire

GRENOBLE

Xavier DREVET, éditeur

Imprimeur-Libraire de l'Université

14, rue Lafayette, 14

Succursale à Uriage-les-Bains

LE PERTUIS DU VISO

(La plus ancienne trouée souterraine des Alpes)

La Legende et l'Histoire

Publication du Journal *LE DAUPHINÉ*
Fondateurs : Louise DREVET et Xavier DREVET
Directeur : Xavier DREVET

GRENOBLE

ERNEST CHABRAND

Ingénieur, des Arts et Manufactures

Bibliothèque Historique du Dauphiné

LE PERTUIS DU VISO

(La plus ancienne trouée souterraine des Alpes)

La Légende et l'Histoire

GRENOBLE

Xavier DREVET, éditeur

Imprimeur-Libraire de l'Académie

14, rue Lafayette, 14

Succursale à Uriage-les-Bains

Le Pertuis du Viso

(La plus ancienne trouée souterraine des Alpes)

La Légende et l'Histoire

Il y a peu d'années encore, les vagues traditions montagnardes attribuaient invariablement aux travaux des Maures ou des Sarrazins la plupart des constructions en ruines, châteaux forts, donjons, etc., dont les pans de murs se dressent sur le faîte des côteaux escarpés de nos vallées alpines, bien que l'archéologie les eût datées et qu'elles fussent, les unes d'origine gallo-romaine, les autres, de l'époque médiévale, ainsi que l'attestent, chez ces dernières, leurs ouvertures ogivales ou leurs baies à croisillons. L'imagination populaire ne voyait partout que des débris ou des vestiges de l'ère Sarrazine ; la toponymie alpine abonde en appellations qui reflètent cet état d'âme et trahissent cette hantise du Maure.

Si vous aimez le Maure, on en trouve partout.

Là, un passage creusé dans le roc vif, où la nature a fait les premiers frais, et où l'homme a donné la dernière main, le coup de pouce final, a été baptisé : *Le pas du Turc* (1) ; ici, un tronçon de chemin pavé a reçu le nom de : *Voie des Sarrazins ou Chaussée Sarrazine* (2) ; ailleurs, une grotte se nomme : *Bornal de lo Sarrazins* (3) ; une excavation de mine, le *Trou des Sarrazins* (4) ; un sommet s'appelle, *Le Crêt du Maure* (5) ; un plateau, le *Plan des Sarrazins* (6) ; une mine, la *Mine des Sarrazins* (7) ; une prairie, *Combe Sarrazine* (8) ; une vieille ruine fortifiée, *Château Sarrazin* (9). Des remparts ont été qualifiés de *Murailles Sarrazines* (10) Du sol fouillé, voit-il

---

(1) Défilé, sur le chemin d'Aouste à Saou (Drôme), appelé aussi : *Pas de Lauzun.*

(2) Tronçons de voie romaine dans l'Oisans, le Val de Tignes, la Combe du Pis (région des Arves).

(3) Sur les bords du lac d'Annecy.

(4) Au-dessus d'Allemont.

(5) Extrémité Nord du Semnoz.

(6) En Maurienne.

(7) Mine de plomb, au-dessus de Modane.

(8) Nom d'une prairie, près Molines en Queyras.

(9) A l'entrée de la gorge d'Orcières (H.-Alpes).

(10) Nom donné jadis par le peuple aux remparts romains de Vienne et à une portion de ceux de Grenoble. Un acte de 1288, cité par Valbonnais, donne pour confin à l'enclos du Couvent des Dominicains une muraille de la ville dite *Mur des Sarrazins.*

extraire de ces larges tuiles à crochets (*tegulæ*) de la période gallo-romaine, aussitôt, le paysan, de les décorer du nom de *Tuiles Sarrazines*. A Embrun une porte a gardé le nom de *Porte Sarrazine*. Une branche du Canal d'irrigation de Villard-Reculas, en Oisans, porte le nom de *Béal Sarrazin*. Je signalerai, en Suisse : *La Tour des Sarrazins*, près de Vevey ; le *Mur des Sarrazins*, près d'Avenche ; la *Voûte aux Sarrazins*, près de Nans ; le *Creux des Sarrazins*, près de Delemont. Le fameux Pertuis Rostang qui, jadis, a fait quelque bruit dans l'histoire topographique du pays briançonnais et, dont, un jour prochain, je me propose de préciser la genèse, a été longtemps considéré, sur la foi des dires d'un savant magistrat dauphinois, Fauché Prunelle, dires qui n'avaient fait que fortifier cette croyance locale, comme l'œuvre des Sarrazins. (*Mém. communiqué à l'Acad. Delphinale. Séance du 2 août 1844*).

Cette même tradition montagnarde n'a-t-elle pas également revendiqué pour ces envahisseurs l'honneur d'avoir percé le tunnel qu'on appelle le *Pertuis du Viso* ou le *Trou de la Traversette*.

Que des bandes Sarrazines, vers le Xe siècle, aient, de leur redoutable repaire de *Fraxinetum* (La Garde Freynet), dans le Var, essaimé et fait irruption dans nos vallées alpines, s'en soient rendues maîtresses et aient occupé les cols et passages les plus fréquentés qui mènent en Italie, les chroniqueurs des Xe et XIe siècles (Flodoard, Glaber, Liutprand, etc.), plus près de nous, Reinaud, membre de l'Institut (*Invasion des Sarrazins en France, 1836*), Fauché Prunelle (*Mém. sur les*

invasions des Sarrazins en France), etc., sont una-
nimes à l'attester. Leurs témoignages, si besoin
était, pourraient être appuyés, dans une certaine
mesure, par les rapports philologiques qui exis-
tent entre les noms, de physionomie sémitique,
appliqués à des localités alpines désignées par les
traditions comme ayant été des stations Sarrazines et certaines appellations topographiques
de la région barbaresque.

Mais, sans nul doute, les souvenirs populaires
locaux ont enflé l'œuvre et exagéré les aptitudes
de ces hordes guerrières, plus expertes dans l'art
de détruire et en matière de brigandage, que dans
l'art des travaux d'architecture, de viabilité ou de
mines.

L'étrange préjugé qui, durant de longs siècles,
a dépouillé nos propres ancêtres de tout mérite
d'exécution d'œuvres d'utilité publique et les a
calomniés, au profit et pour la plus grande gloire
de la race Sarrazine, me semble être né de la fasci-
nation intense, de l'influence suggestive persis-
tante, en dépit du recul du passé, que le nom et
les gestes de cette race, dont l'invasion avait laissé
de profonds et douloureux souvenirs dans nos vallées, avaient exercées sur l'esprit des populations
alpines.

A leurs yeux, cette race prestigieuse symboli-
sait, personnifiait la Force, l'âpre Energie, la Ruse
et, dès lors, sous le coup de cet effet optique qui
grandit le vainqueur, elles glorifiaient, instincti-
vement, en elle, le Génie, la Science, qui leur sem-
blaient devoir s'incarner nécessairement dans la
Puissance, dans le Glaive ; elle était grande et

puissante, *de facto et de spiritu*, par le muscle et par le cerveau.

Et, cependant, les vestiges historiques, les traces matérielles, propres à marquer et à illustrer l'occupation Sarrazine, les monuments qui auraient dû en garder le témoignage font défaut ; c'est à peine même, si l'influence exercée, au point de vue ethnique, par cette poignée d'envahisseurs s'est traduite, de ci, de là, par quelques empreintes ; seules, certaines appellations topographiques clair-semées décèlent leur séjour ou mieux leur passage.

Quant aux historiens de la première heure, qui — et c'est là leur excuse — n'avaient pas les moyens de défricher le champ inculte de l'histoire de leur pays, ils ont servilement fait chorus avec la vieille tradition ; leur complaisance naïve s'est accommodée de ses croyances d'hypnotisée ; elle s'est bornée à enregistrer aveuglément ses récits ; souvent elle s'est plu à les enjoliver et à les embellir de broderies ; leur imagination de poète prenait ses images et les agrandissait. Nul d'entre eux n'a été, je crois, piqué du désir de soulever le rideau merveilleux qui voilait la réalité, plus préoccupés qu'ils étaient d'étaler leur littérature que soucieux de critique et de vérification ; leur histoire est faite d'un grain de vérité allié à un gros de fable et de légende. La légende, il est vrai, est l'aïeule de l'histoire.

N'est-ce pas déjà l'éternelle légende qui, aux temps héroïques, armant le bras nerveux d'Hercule, lui faisait, pour unir la Méditerranée à l'Océan, pourfendre Calpé et Abyla, et attribuait à ce demi Dieu le creusement de la vallée de

Tempé, entre l'Ossa et l'Olympe, pour ouvrir une issue aux eaux du Pénée ? N'est-ce pas elle aussi qui, plus près de nous, faisait tailler au paladin Roland, avec sa Durandal, la brèche de Roncevaux et échancrer les sommets du Marboré ?

Si les temps fabuleux existaient encore, ils seraient déifiés et mis au rang des Hercules, les Colladon, les Sommeiller, les Stockalper, les Brandt et tant d'autres perceurs diplômés de rocs, qui ont ouvert, dans les mystérieuses entrailles des montagnes, les routes du Cenis, du Gothard, du Simplon, etc.

Balbutiée par une longue lignée d'ancêtres, cette légende du percement du Pertuis du Viso par les Sarrazins s'est perpétuée jusqu'à nos jours. C'est le propre des légendes de s'enraciner profondément dans les lobes cérébraux et d'avoir la vie dure ; elles constatent une loi de l'esprit humain.

Et cependant les mains de patients et curieux chercheurs fouillant, à grand labeur, les archives provinciales et municipales, sous la poussière desquelles dort, comme l'étincelle sous la cendre, l'histoire des races et des individus disparus, ont mis au jour des monuments écrits des âges écoulés, éclairant d'une vive et précieuse lumière les origines obscures, presqu'effacées de cette œuvre de l'art minier. Le mystère s'est évanoui ; l'histoire a mis à nu l'erreur de la légende ; mais, que de temps il faut à la vérité pour prévaloir contre la fable.

C'est parce que j'ai vu cette légende, que je croyais morte et ensevelie pour de bon dans les oubliettes des antiquailles, ressuscitée en des récits d'escalades récentes dans le massif du Viso,

c'est parce que il m'a été donné d'entendre conter,
il n'y a pas longtemps encore, cette fable menson-
gère, par les bouches sincères qui la tenaient de
bouches, de bonne foi comme elles, que l'idée
m'est venue de résumer ici, à l'usage et pour l'édi-
fication de ceux qui l'ignorent, l'histoire de cette
galerie souterraine et de leur préciser la date et le
nom des vrais auteurs de sa percée.

Jamais nul Sarrazin n'y épuisa la sauvage éner-
gie de ses muscles ; nul ne l'arrosa de ses sueurs,
ni de son sang ; nul n'y fit broyer et n'y laissa
ses os.

Jamais, non plus, Annibal, eut-il, d'aventure,
conduit son armée par la Combe du Guil, n'a,
comme l'ont prétendu certains chroniqueurs fan-
taisistes, follement consumé ses efforts et dépensé
son temps, lui qui savait le prix des minutes, à
frayer, par le fer et le feu, un passage souterrain
à ses troupes, à sa cavalerie et à ses éléphants,
dans la barre rocheuse de la Traversette. Il suffit
d'énoncer cette conjecture pour que le simple bon
sens de ceux qui ont lu les péripéties de la tra-
versée des Alpes par le général Carthaginois, con-
naissent la hâte qu'il avait de planter ses éten-
dards dans les plaines piémontaises et savent qu'à
deux pas de la bouche de ce tunnel s'ouvrait à lui
un col donnant accès dans la haute vallée du Pô,
en fasse aussitôt justice ; elle ne résiste pas au
moindre examen.

Ce résumé est confectionné à l'aide d'éléments
recueillis dans les diverses notices historiques,
dont les révélations ont, je ne dirai pas détruit,
mais dévoilé les méprises de l'antique tradition ;
je n'ai eu que la peine de les coudre ensemble, bout

à bout, de les ajuster les uns aux autres avec ordre et méthode. Besogne aisée et érudition à bon marché, je l'avoue, à la portée de quiconque sait lire et connaît l'art de feuilleter et de compiler ; vulgarisation intéressante et utile, néanmoins, quoique de seconde main, puisque ceux qui en font les frais en ont emprunté les éléments à des sources sûres et d'une indéniable authenticité et que la légende est encore debout.

Puissent ces brèves notes tomber sous les yeux de ceux — et ils sont légion — dont l'imagination, bercée par les récits de chroniqueurs fabulistes ou par les contes des pâtres et des chasseurs d'isard Vésuliens qui, l'été venu, villégiaturent et tiennent cercle au refuge Ballif-Viso, voit errer, dans le tortueux corridor de la Traversette, à la lueur rougeâtre des bûchers calcinant la roche, des vases de vinaigre, des pics et des coins à la main, les ombres des mineurs Sarrazins ou Carthaginois.

Ceux qui ont lu les *Mémoires Militaires* du lieutenant général P. de Bourcet ou ceux de Catinat devront, de leur côté, se résigner à voir dépouiller François Ier de l'honneur d'avoir percé le trou de la Traversette. Il a été démontré, de péremptoire façon, que pour marcher à la conquête du Milanais, en 1515, le gendre de Louis XII franchit, au mois de juillet, le col de l'Argentière, d'où il descendit dans la vallée de la Stura. En 1525, à son second passage des Alpes, il traversa le Mont-Cenis ; c'est son historien Varillas, bien placé pour le savoir, qui nous l'apprend. Celui qui, à Pavie, perdit tout, *fors l'honneur*, n'a jamais pénétré en Italie par la vallée du Queyras ; les Queyrassins ne lui en ont point, que je sache, gardé rancune.

Un écrivain peu connu, Jacques Signot, qui suivait (c'est lui qui nous le dit) l'armée de Charles VIII, en Italie et sur les faits et les gestes duquel les historiens de l'époque ont cru devoir garder le silence, a, le premier, si je ne me trompe, assigné une date certaine à la percée du tunnel de la Traversette.

Dans un ouvrage rarissime publié, en 1515, à Paris, intitulé : « *S'ensuyt la totale et vraye description de tous les passaiges, lieux et destroicts par lesquelz on peut facilement entrer et passer des parties de Gaule, que nous disons maintenant France, ès parties de Italie*, etc. », il s'exprime ainsi : « *Le VII passaige*. Entre les dits deux derniers passaiges (Col de Laignel et Col de Lacroix) il y a ung nouveau passaige bien merveilleux pour entrer au pays Dytalie. C'est assavoir par ung pertuis qu'on a faict a costé et joignant le Mont-Vissol par une montaigne qu'on a percée tout oultre, puis XIIII ans en ça. Et dure environ ung traict d'arbalestre le dit pertuis. Et après on descent par le Val du Pau au Marquisat de Saluces, etc. »

Cet ouvrage ayant été précédé d'une première édition parue en 1507, étant donné qu'il avait été composé, très probablement, quelques années avant sa publication, la date de la perforation du tunnel, selon l'évaluation de Jacques Signot, s'emplacerait dans les vingt dernières années du XVe siècle. Jacques Signot est resté muet sur le nom des auteurs de ce travail.

De nouveaux documents découverts ultérieurement fournissent des indications plus complètes et

plus précises qui, en tout cas, corroborent ses dires
sur la date du creusement de cette galerie.

Le savant biographe, Louis Moreri, auteur du
Dictionnaire historique qui porte son nom, dit
dans ce volume in-folio, publié en 1673, à l'article
Salusses : « Le Pô a sa source dans le Marquisat
de Salusses, au Mont-Viso qui est estimé le plus
haut des Alpes. Les Marquis de Salusses ont fait
creuser dans ce roc, à force de fer et de feu, une
voûte longue de demi mille, sous laquelle on peut
faire aisément passer les mulets qui portent des
marchandises d'Italie en France ».

A quelles sources secrètes Moreri avait-il puisé
cette indication ? Est-ce une conjecture heureuse
à laquelle son esprit observateur aurait abouti, à
la suite de savantes inductions ? On l'ignore.
Devinée ou acquise, elle est exacte, et l'on doit
à la vérité de dire qu'a Moreri, parmi les historiens, appartient la priorité pour avoir signalé les
Marquis de Saluces comme les promoteurs et les
auteurs du tunnel de la Traversette.

Un auteur piémontais, Malacarne, eut la bonne
fortune de découvrir aux archives provinciales de
Saluces des titres officiels étayant l'affirmation de
Moreri. Analysés par lui, reproduits ensuite par
Muletti, dans sa *Storia di Saluzzo*, ces titres cons-
tataient qu'un traité fut conclu, en 1475, entre le
roi de France, Louis XI, et Louis II, marquis de
Saluces, pour le percement d'un tunnel destiné à
ouvrir un passage au pays de Saluces par la Vallée
des Alpes, au Mont-Viso, après enquête et avis
favorable des Commissaires du Parlement du
Dauphiné nommés pour se prononcer sur la possi-
bilité technique et l'utilité commerciale dudit per-

cement. « *Quod bonum esset*, disait leur rapport, *perforari collum dicti Montis Vesuli, per spatium trabuchorum quinquaginta de longitudine et de latitudine unius trabuchi ; de alto vero pedum septem*, etc. »

Le percement entrepris en 1478 dura jusqu'en 1480.

M. Vaccarone, dans son ouvrage *Le Pertuis du Viso* (1881) a établi, lui aussi, d'après des documents inédits trouvés dans les archives royales de Turin et comprenant les plans et les devis « *Super negotio apertura colli Montis Visoli (1475)* » que ce fut Louis II, X⁰ Marquis de Saluces (1475-1504), qui entreprit les travaux de ce tunnel.

Peu de temps avant de se mettre à l'œuvre, le Marquis de Saluces, en homme prévoyant, prenait les mesures propres à se créer de bonnes relations commerciales avec la Provence, dont l'étang de Berre, entr'autres, pouvait lui fournir les approvisionnements de sel nécessaire à la consommation des troupeaux de ses sujets et ou il pourrait, en échange de cette denrée, transporter et vendre les laines, les peaux, le riz et autres marchandises de son Marquisat.

Le Marquis de Villeneuve de Bargemont, dans son *Histoire du vieux roi René d'Anjou, comte de Provence*, relate la convention signée avec lui le 22 septembre 1478, à Arles, par les délégués du Marquis de Saluces. Aux termes de cette convention, le Comte de Provence permettait au Marquis de Saluces d'extraire de l'étang de Berre le sel nécessaire à son Marquisat à des conditions déterminées et lui concédait la faculté de transporter et de vendre, en Provence, les marchandises de la provenance du pays de Saluces.

A l'occasion du percement du tunnel, l'Empereur Frédéric III octroya au Marquis de Saluces, le 21 janvier 1480, un diplôme énonçant le fait du percement et le félicitant sur la grandeur de l'œuvre entreprise. « ..... *videlicet quod ingenio tuo præclaro, magnum jam dedisti principium ad perforandum ferro, igne, aceto ac variis aliis ingeniis saxeum at que altissimum montem illum qui præminet altitudine cæteras Italiæ colles, vulgariter Vesulus nuncupatum, etc... »*

Ce document cité par Ladoucette, dans sa note *Du Mont-Viso et de son Souterrain*, a été retrouvé dans les archives de Saluces par M. de Saluces, Directeur de l'Académie de Turin.

Dans ces mêmes archives, M. de Saluces découvrit également les lettres patentes par lesquelles Charles VIII (1) et Louis XII accordèrent au Marquis de Saluces l'autorisation d'importer le sel de Provence en Piémont, par le Pertuis du Viso, ouvert par ses soins, en payant les droits usuels de péage et de gabelles.

La concordance des révélations qui jaillissent de ces divers monuments écrits, tous marqués, je l'ai dit, au coin d'une irrécusable authenticité, est suffisante, me semble-t-il, pour mettre hors de conteste et la date et le nom des auteurs du percement de la Traversette.

Les légendaires Sarrazins du Pertuis du Viso

-----

(1) Des milices dauphinoises passèrent, dit-on, par la Traversette, en 1494, lors de l'expédition de Charles VIII, en Italie, avec de l'artillerie.

n'étaient autres que des transalpins, de race Ligure, de Crissolo, d'Ostana, de Sanfronte et de Barge, les ancêtres de ces robustes Piémontais qui, chaque année, exportant leurs mille bras, viennent nous aider à exploiter nos mines, à construire nos voies ferrées, à creuser nos tunnels.

Pendant tout le temps que s'exerça le droit de Suzeraineté du Dauphiné sur le Marquisat de Saluces, le tunnel de la Traversette et le sentier muletier de Ristolas à Crissolo furent entretenus et fréquentés. A dater de la cession par Henri IV à Ch. Emmanuel, duc de Savoie, du Marquisat de Saluces, en 1601 (Traité de Lyon), en échange de la Bresse, du Bugey, du pays de Gex, du Valromey, le passage fut peu à peu délaissé ; fermé par ordre du duc de Savoie, le commerce du sel se vit, un jour, contraint d'emprunter les routes du Mont-Genèvre et du Mont-Cenis. Faute d'entretien, il ne tarda pas à devenir impraticable, tant à cause de son comblement par les terres et les pierrailles qu'y amoncelaient les eaux sauvages, au moment de la fonte des neiges et des pluies d'orage, que des éboulements survenus à l'intérieur du tunnel ou de ceux qui en obstruaient les deux issues.

En 1676, au mois de juillet, les Syndics de Sanfronte, de Barge et de plusieurs autres communautés de la haute vallée du Pô, d'une part, les consuls des vallées du Queyras accompagnant le châtelain d'Abriès, le sieur Berthelot, d'autre part, assemblés à la Traversette décidèrent, d'un commun accord, de faire déblayer les deux bouches du tunnel obstruées par les éboulements de la montagne, décombrer la galerie et réparer les voies d'accès, sur les deux versants, de Ristolas à

Crissolo ; pour je ne sais quelles raisons il ne fut
pas donné suites aux projets convenus.

Le passage demeura impraticable pendant la
majeure partie du XVIIIe siècle. Le curé Albert,
dans son *Histoire du Diocèse d'Embrun (1783)*,
rapporte qu'en 1766 un éboulement de pierres
avait entièrement bouché ce chemin du côté de
France et, en partie, vers le Piémont. Un homme
de Ristolas accompagnant, cette année-là, quelques étrangers curieux de voir ce tunnel lui avait
dit, raconte-t-il, qu'ils trouvèrent l'ouverture bou-
chée du côté de France et furent obligés de des-
cendre sur l'autre versant ou ils eurent beaucoup
de peine à atteindre l'entrée de ce chemin souterrain ; ils s'y avancèrent avec de la lumière et y
pénétrèrent jusqu'à la profondeur de 88 toises ou
ils trouvèrent l'éboulement de pierres qui avait
bouché l'entrée du côté de France et intercepté le
passage.

En 1803, le sous-préfet de Saluces et celui de
Briançon, Barthélemy Chaix. firent entreprendre
des travaux de réfection des voies d'accès et de
déblaiement de la galerie. Ce fut au cours de ces
travaux de rétablissement de la circulation que,
suivant Ladoucette, fut découvert, sur le versant
piémontais, au pied du tunnel, un rocher portant
gravé le Millésime de 1480. « Le Millésime de 1480,
dont le premier chiffre a presqu'entièrement dis-
paru, dit Ladoucette, se trouve taillé dans la roche,
presqu'à fleur de terre, à quelque distance et au-
dessus des sources du Pô ». Cette pierre de témoignage n'a plus été retrouvée, je crois.

En 1821, de nouveaux éboulements vinrent obs-
truer la galerie qui resta impraticable jusques vers

1837, époque à laquelle la galerie fut réouverte et rendue à la circulation.

En 1856, le passage de nouveau intercepté était décombré, grâce à des corvées organisées par les habitants du versant piémontais.

Une lettre, du 29 mars 1865, écrite par l'abbé Buès, curé d'Abriès, et mentionnée par notre regretté compatriote, Aristide Albert, dans son *Etude sur le Mont-Viso*, dit : « Quant à la percée elle est très praticable ; on peut même y passer avec une bête de somme chargée ».

En 1874, au mois d'août, lors d'une excursion dans la haute vallée du Guil, nous traversâmes, mon frère et moi, le corps ployé en deux, et presqu'en rampant sur les mains et les genoux, cet antre noir et mystérieux, partiellement comblé par des amas de décombres et de sédiments ; du côté français, une petite galerie d'accès, dont les murs en pierres sèches soutenaient un plafond fait de madriers jointifs recouverts de pierres et d'un épais lit de terres et destinée à préserver l'entrée des éboulements, était à demi effondrée sous le poids des blocs de rochers qui s'étaient détachés des parois de la montagne. Celle-ci est en perpétuel travail d'effritement et de démolition sous l'action destructive incessante des glaces, des pluies, du gel et du dégel, des ouragans et de la foudre.

En 1878, la commune de Crissolo, grâce à une subvention du Gouvernement et du Club Alpin Italiens, fit procéder à quelques travaux de réparation, au nombre desquels il faut citer la pose, le long de la paroi de gauche, en allant en Piémont, d'une main courante en fer aidant le voyageur à se guider dans la nuit noire qui règne dans ce tunnel.

En 1906, on ne pouvait le traverser qu'en se courbant et en se traînant à plat ventre ou en marchant à quatre pattes, sur un long parcours.

Estimant qu'une porte doit être ouverte ou fermée, considérant que la porte du Viso avait été construite par le Marquis de Saluces, avec l'intention manifeste de la tenir ouverte, jugeant qu'il convenait de conserver à cette œuvre sa destination première, ouï les doléances et requêtes des usagers de ladite porte, tant des vallées du Queyras que de la haute vallée du Pô, tous animés du vif désir de voir, de ce côté, les Alpes cesser d'être un faîte de séparation et devenir un point de passage, de transit, ouvert, de façon permanente, au mouvement des échanges et des voyageurs, le Club Alpin Italien et le Touring Club Français ont, dans cette communion d'idées, associé leurs efforts, il y a deux ans, pour restaurer l'œuvre géniale du Marquis de Saluces.

Le 25 août 1907, des fêtes brillantes organisées avec un art et un goût exquis par nos voisins du pied des Monts, au tunnel de la Traversette, aux sources du Pô, à Crissolo et à Saluces, célébraient, dans une cordiale et enthousiaste apothéose, l'inauguration de la réouverture de la Porte du Viso.

Grâce aux travaux de restauration de la trouée et d'amélioration des voies d'accès, la coupure du Guil, si elle ne peut prétendre, à devenir une grande voie internationale, n'est plus une impasse.

Souhaitons que le démon malfaisant de la politique et que les Génies destructeurs de la montagne ne se liguent pas, de sitôt, contre l'œuvre utile et féconde de réouverture et de consolidation de la Porte du Viso.

Puisse cette porte, jusqu'à l'heure suprême ou, usée, démolie par le lent et patient effort des agents météorologiques, la barrière rocheuse de la Traversette sera réduite en miettes, servir de voie d'échange et jouer le rôle de trait d'union entre les deux sœurs de la grande famille gauloise ; de secrètes affinités les convient à se tendre la main par cet étroit guichet et à vivre d'une amitié immuable, immortelle comme l'indestructible pyramide du Viso, séculaire berceau de l'antique Eridan.

*
* *

Le Tunnel ou Trou de la Traversette (alt. 2915^m, tête du versant français) est ouvert au Nord du Col de la Traversette (2995^m) dans les flancs d'une crête faîtière constituée par des schistes chloriteux amphiboliques. Ses caractéristiques sont les suivantes : Longueur : 75^m environ ; Largeur moyenne : 2^{m}50 ; Hauteur moyenne : 2^{m}05 ; Direction : sensiblement E. O. ; Tracé légèrement courbe ; Absence de tout revêtement de maçonnerie. C'est la plus haute voie muletière des Alpes occidentales ; il est l'aîné des grandes trouées souterraines qui percent la chaîne des Alpes.

Ainsi que nous l'apprend le texte du diplôme accordé par l'Empereur Frédéric III au Marquis de Saluces, cette galerie souterraine a été creusée :

ferro, igne... ac variis aliis ingeniis, à l'aide du fer et du feu.

Les mineurs de cette époque, à défaut de matières explosives — c'est en 1613 seulement que la poudre, dont la découverte remonte au XIV° siècle, fut appliquée à l'art des mines — appelaient à leur secours l'action du feu pour entamer et démolir les roches récalcitrantes. Contre la paroi du rocher, ils dressaient une pile de bois à laquelle ils mettaient le feu ; léchée par les flammes de ce bûcher embrasé, la roche calcinée se gerçait, se fendillait, se fragmentait peu à peu ; les mineurs, ensuite, l'inondaient de puissants jets d'eau froide pour l'*étonner*, c'est-à-dire pour la faire éclater et achever de la morceler, de la disloquer ; après quoi, ils l'abataient à coup de masses et à l'aide de la·pointe acérée de leurs pics et de leurs coins qu'ils enfonçaient dans les fissures que l'ardeur du brasier incandescent y avait produites.

Déjà employé par les Egyptiens, depuis plus de 4000 ans, d'après Diodore de Sicile, le procédé d'abatage par le feu était encore en vigueur, au commencement du XVII° siècle, dans les mines de la Saxe, du Hartz, de Norwège. En 1867, cette méthode de torréfaction de la roche trouvait encore son application à l'exploitation du filon de galène argentifère des mines du Grand Clos, près la Grave. Le front de taille, dans les zones à gangue trop quartzeuse, rebelle aux coups brisants de la poudre, était chauffé avec du bois et de la houille flambante placée dans une espèce de cornue portative. C'est à MM. le Vicomte Omer Talon et Brochon, alors concessionnaires des mines de la Grave, qu'appartient l'idée d'avoir exhumé et ra-

jeuni cette pratique minière oubliée depuis longtemps.

L'emploi du feu au creusement du tunnel de la
Traversette indique, pour cette époque, l'existence,
dans cette région du Haut Guil et des sources du
Pô, d'une végétation forestière aujourd'hui dis-
parue, sans doute sous l'action de phénomènes cli-
matériques. Virgile ne nous montre-t-il pas ces
parages boisés, quand il nous parle des sangliers
qui s'y cachaient dans les bois de pins :

Ac velut ille canum morsu de montibus altis
Actus aper, multos Vesulus quem pinifer annos
Defendit... (Eneide, Lib. X, v. 708).

Quant à la forme arquée présentée par la galerie dans sa percée, elle n'est assurément pas inten-
tionnelle, j'imagine ; elle peut s'expliquer, je
crois, par le fait que les mineurs ont été instincti-
vement conduits (loi du moindre effort) à utiliser,
dans leurs travaux de traçage, les plans de moindre résistance de la roche, c'est-à-dire à suivre les
joints de stratification ou les divisions stratiformes
à peu près verticales que présentent les schistes
chloriteux à structure feuilletée ou bien un sys-
tème de diaclases. C'est l'allure contournée, incur-
vée des plans de joints de ces schistes, des vides
produits par les baillements de leurs feuillets
plissés ou par les diaclases, qui a dicté aux mineurs et conditionné le profil coudé de l'allée souterraine du Viso.

La percée a cheminé lentement ; commencé, en
1478, le creusement, avons-nous vu, n'a été achevé
qu'en 1480. Ce long délai d'exécution d'une galerie

souterraine de 75ᵐ de longueur n'a rien qui doive surprendre, si l'on envisage le peu de puissance des moyens d'attaque usités à l'époque, la nature minéralogique des roches à abattre, dures et tenaces et surtout les longues interruptions que les travaux ont eu à subir. A cette altitude (2915ᵐ) ou la neige couvre le sol sept à huit mois de l'année et ou sévissent des phénomènes météorologiques d'une excessive violence, les ouvriers ne pouvaient travailler que quatre ou cinq mois par an, au plus. Il faut considérer, en outre, que, dans l'ignorance ou l'on était alors de nos méthodes géodésiques actuelles, l'attaque du tunnel ne fut, selon toute vraisemblance, pratiquée que par une seule de ses extrémités et que l'exiguïté de la section de l'unique chantier d'abatage ne permettait l'emploi, à chaque poste, que d'une équipe de deux mineurs au front d'avancement.

ERNEST CHABRAND,

INGÉNIEUR E. C. P.